RÉSUMÉ DES DÉCISIONS

RELATIVES AUX

MARIAGES DES MILITAIRES

DE TOUTES ARMES ET DE TOUS GRADES

DE L'ARMÉE DE TERRE ET DE LA MARINE

PAR

F. IMPERIALI

OFFICIER D'ADMINISTRATION DE 2e CLASSE DES BUREAUX DE L'INTENDANCE

PARIS

HENRI CHARLES-LAVAUZELLE

Éditeur militaire

11, PLACE SAINT-ANDRÉ-DES-ARTS, 11

(Même maison à Limoges.)

RÉSUMÉ DES DÉCISIONS

RELATIVES AUX

MARIAGES DES MILITAIRES

DE TOUTES ARMES ET DE TOUS GRADES

RÉSUMÉ DES DÉCISIONS

RELATIVES AUX

MARIAGES DES MILITAIRES

DE TOUTES ARMES ET DE TOUS GRADES

DE L'ARMÉE DE TERRE ET DE LA MARINE

PAR

F. IMPERIALI

OFFICIER D'ADMINISTRATION DE 2e CLASSE DES BUREAUX DE L'INTENDANCE

PARIS

HENRI CHARLES-LAVAUZELLE

Éditeur militaire

11, PLACE SAINT-ANDRÉ-DES-ARTS, 11

(Même maison à Limoges.)

RÉSUMÉ DES DÉCISIONS

RELATIVES AUX

MARIAGES DES MILITAIRES

DE TOUTES ARMES ET DE TOUS GRADES

Ire PARTIE

ARMÉE DE TERRE

CHAPITRE Ier

Mariages des Officiers.

---

§ 1er. — Dispositions générales.

L'officier, quels que soient son grade, son arme et sa position (activité, disponibilité, non-activité, instance de retraite), ne peut contracter mariage sans une autorisation du général commandant le corps d'armée. Cette permission ne lui est accordée qu'autant que la personne qu'il recherche en mariage lui apporte en dot un revenu, *non viager, de 1.200 fr. au minimum, et que la réputation de cette personne et celle de sa famille ne donnent lieu à aucune critique fondée*. Toutefois, l'officier jouissant d'une solde réglementaire de 5.000 fr.

au moins est autorisé à se marier sans que sa future justifie d'un apport dotal.

L'apport dotal ne peut être constitué ni en argent comptant, ni en valeurs au porteur. Il ne doit pas être tenu compte, dans la composition de l'apport de la future, *de la valeur attribuée aux effets, bijoux ou autres objets mobiliers composant son trousseau ou qui pourront lui être donnés à l'occasion de son mariage.* (Décret du 16 juin 1808, *J. M. R.*, T. Ier, p. XXXVII. Instruction du 10 avril 1832, *J. M. R.*, p. 18. Avis du Conseil d'Etat en date du 29 avril 1836, *J. M. R.*, p. 784. Décisions ministérielles des 17 décembre 1843, *J. M. R.*, p. 218; 21 août 1852, *J. M. R.*, p. 469; 18 février 1875, *J. M.*, p. 169; 14 avril 1875, *J, M.*, p. 559 — Notes ministérielles des 18 juillet 1887, *B. O.*, p. 55, et du 26 juin 1888, *B. O.*, p. 761.)

Tout officier qui contreviendra aux prescriptions réglementaires, ou qui produira sciemment des pièces dont l'énoncé serait reconnu inexact, encourra une peine sévère, conformément à la législation en vigueur (16 juin 1808, *B. O.*, p. XXXVII; 29 avril 1836, *B. O.*, p. 784, et 17 décembre 1843, *B. O.*, p. 218).

Ces dispositions sont applicables : aux officiers de gendarmerie (24 juillet 1840, *B. O.*, p. 636 et 7 janvier 1844, *B. O.*, p. 224); aux vétérinaires (dernier alinéa de l'article 53 du décret du 26 décembre 1876, *B. O.*, p. 358); aux fonctionnaires de l'intendance, aux officiers de santé et d'administration (23 juillet 1840, *B. O.*, p. 635. 17 décembre 1843, *B. O.*, p. 219, et 8 décembre 1889, *B. O.*, p. 1479); aux chefs de musique (4e alinéa de l'article 6 du décret du 25 août 1854, *B. O.*, p. 404, et article 3 du règlement du 14 octobre

1872, *B. O.*, p. 621) ; aux adjoints du génie (3 avril 1876, *B. O.*, p. 651) ; aux gardes d'artillerie, (8 septembre 1882, *B. O.*, p. 138).

§ 2. — Dispositions spéciales aux Contrôleurs d'armes.

Les dispositions ci-dessus sont applicables aux contrôleurs d'armes. Seulement, l'apport de la future est fixé à quatre cents francs de rente (13 mai 1844, *B. O.*, p. 233). Rien, à notre connaissance, n'a abrogé ces dispositions qui sont, du reste, rappelées par une note ministérielle du 15 octobre 1894 (*B. O.*, p. 393), à propos des autorisations de mariage à accorder aux chefs armuriers et aux ouvriers immatriculés des manufactures inscrits au tableau d'avancement pour l'emploi de contrôleur d'armes.

§ 3. — Dispositions spéciales à la fille d'un officier membre de la Légion d'honneur recherchée en mariage par un officier.

La dot de la fille d'un officier, membre de la Légion d'honneur, recherchée en mariage par un officier, doit, dans tous les cas, être constituée d'après les conditions déterminées ci-dessus.

Si elle n'apporte pas la dot réglementaire et qu'elle soit demandée en mariage par un officier supérieur ou un capitaine, la demande est transmise au Ministre avec l'opinion explicite et motivée sur la suite à lui donner (Décisions ministérielles du 17 juin 1847, p. 757 ; 21 août 1852, p. 469 ; 17 juillet 1858 (non insérée).

§ 4. — Formalités à remplir par les officiers pour obtenir la permission de mariage.

L'officier qui désire se marier doit adresser une demande au général commandant le corps d'armée, par la voie hiérarchique, savoir :

L'officier de corps de troupe présent à son corps, à son chef de corps;

L'officier de corps de troupe détaché dans un service, à son chef de service;

L'officier de l'intendance, de santé ou d'administration, à son chef de service ;

L'officier sans troupe appartenant à un état-major, à son chef de service;

L'officier de gendarmerie, à son chef de légion.

Cette demande doit être accompagnée :

1° *D'un certificat* constatant l'état des parents de la future, le sien, la réputation dont elle jouit ainsi que sa famille, le montant et la nature de la dot qu'elle doit recevoir et la fortune à laquelle elle peut prétendre; ce certificat doit être délivré par le maire du domicile de la future et approuvé par le sous-préfet de l'arrondissement;

2° *D'un extrait du projet de contrat de mariage* relatant l'apport de la future; ce projet de contrat doit être fait par acte notarié (17 décembre 1843, p. 218; 7 janvier 1844, p. 224; 10 juillet 1870, p. 166; 18 février 1875, p. 169; 14 avril 1875, p. 559, et 14 juillet 1875, *B. O.*, p. 16). Si la dot est constituée en immeubles ou que la rente soit garantie par des immeubles, il y a lieu de joindre un certificat du conservateur des hypothèques constatant qu'aucune hypothèque ne grève l'immeuble constituant la dot ou la garantie de la dot.

L'extrait du projet de contrat n'est pas exigé à l'appui des demandes faites par des officiers ayant 5.000 fr. de solde. (26 juin 1888, *B. O.*, p. 761, et 28 mai 1889, *B. O.*, p. 1095.)

§ 5. — Formalités à remplir par les chefs de corps ou de service, les Généraux de brigade, les Intendants, les Généraux de division et de corps d'armée.

Le chef de corps ou de service, le général de brigade ou l'intendant et le général de division doivent, en transmettant la demande, y joindre leur avis motivé sur la moralité de la future épouse, sur la constitution de la dot et sur la convenance de l'union projetée.

A cet effet, ils doivent recueillir, par *l'intermédiaire de l'autorité militaire du domicile de la future*, et donner des renseignements analogues à ceux que doit constater l'autorité civile. — L'autorité militaire a l'habitude (lorsque des circonstances fortuites, des relations de société ou la position de la famille de la future ne lui fournissent pas les moyens de répondre directement et sans plus ample informé) d'avoir recours à la gendarmerie, et c'est, par le fait, la seule voie qui lui soit ouverte (1). Il est recommandé la plus grande discré-

(1) Le Gouverneur militaire de Paris se réserve de demander lui-même ces renseignements à la gendarmerie. (Lettre du commandant de la gendarmerie de la Seine au directeur de l'École d'administration de Vincennes, en date du 23 février 1883, N° 207.)

tion et le plus grand tact aux officiers ou sous-officiers chargés de recueillir ces renseignements.

La demande d'un officier de troupe employé dans un service spécial, sans cesser d'appartenir à son corps, doit être accompagnée, en outre, de l'avis motivé du chef de corps auquel l'officier appartient.

Les renseignements que l'autorité militaire obtient doivent être transmis au général commandant le corps d'armée en même temps que la demande de l'officier à laquelle ils se rapportent.

Si le général commandant de corps d'armée ne croit pas devoir accorder à l'officier l'autorisation de mariage que celui-ci demande, il en réfère au Ministre de de la guerre qui décide en dernier ressort. (18 juillet 1887, *B. O.*, p. 55).

Les demandes des officiers des services administratifs sont envoyées par les intendants aux commandants de corps d'armée, lesquels prononcent, ou les adressent au Ministre selon le cas. (17 décembre 1843, p. 219; 25 juin 1863, p. 337; 14 avril 1875, p. 559; 11 juillet 1870, p. 166.)

Toutes les pièces ayant servi à l'instruction des demandes en autorisation de mariage, doivent être envoyées au Ministre pour être classées dans les dossiers des intéressés, (20 novembre 1889, *B. O.*, p. 1260).

§ 6. — Durée de la permission de mariage.

La permission de mariage est valable pendant six mois, à partir de sa date. Après cette époque, si le mariage n'a pas eu lieu, il faut en demander le renouvellement par la voie hiérarchique. (Circulaire ministérielle du 17 décembre 1843, citée plus haut).

§ 7. — Formalités à remplir par l'intéressé après la célébration du mariage.

Dans le délai d'un mois après la célébration du mariage — terme de rigueur — l'officier intéressé fait parvenir, par la voie hiérarchique, au Ministre de la guerre :

1° *Un extrait du contrat de mariage*, en ce qui concerne l'apport de sa femme, délivré par le notaire dépositaire de l'acte; cette pièce n'est pas exigée des officiers ayant 5.000 francs de solde;

2° *Un extrait de l'acte de célébration de mariage* (3 et 23 juillet 1840, *B. O.*, p, 633 et 635, et 19 avril 1844, *B. O.*, p. 240.)

§ 8. — Formalités à remplir par les conseils d'administration des corps ou chefs de services.

Les conseils d'administration des corps et les chefs de service conservent dans leurs archives les extraits d'actes de célébration de mariages et envoient au Ministre de la guerre, par la voie hiérarchique, le certificat prescrit par les circulaires ministérielles des 3 et 23 juillet 1840, *J. M.*, p. 633 et 635, et la note ministérielle du 24 juillet 1840, p. 636 (18 juillet 1887, *B. O.*, p. 55; 26 octobre 1888, *B. O.*, p. 414, et 8 décembre 1889, *B. O.*, p. 1479).

CHAPITRE II

Mariage des Officiers retraités employés dans l'Armée active.

L'officier retraité employé dans un corps ou service de l'armée active, qui désire se marier, n'est pas obligé de remplir les formalités qui font l'objet du premier chapitre du présent résumé.

Toutefois, il est tenu de faire connaître, au préalable, à l'autorité militaire sous les ordres de laquelle il est placé, le nom et le domicile de la personne qu'il désire épouser. Si l'union projetée n'est pas dans des conditions d'honorabilité désirables et si l'officier se marie malgré l'avis de l'autorité militaire, son emploi lui est retiré. (27 janvier 1876, *B. O.* p., 93.)

CHAPITRE III

Mariage des Officiers de la Réserve ou de l'Armée territoriale.

L'officier de la réserve ou de l'armée territoriale a le droit de contracter mariage sans autorisation préalable du Ministre, mais il doit en informer son chef de corps ou de service.

Lorsqu'un officier de l'armée territoriale a contracté mariage, le capitaine-major du corps auquel il appartient doit en inscrire la mention sur le registre matricule et en rendre compte au Ministre en lui adressant, par analogie avec les prescriptions de la circulaire du 3 juillet 1840, un certificat spécial constatant la célébration dudit mariage.

Les capitaines-majors doivent également se renseigner auprès des officiers de l'armée territoriale de leur corps, sur la question de savoir s'ils ont contracté mariage avant leur nomination. Ils procèdent à l'égard de ces derniers comme il est indiqué ci-dessus. (Art. 143 de l'instruction ministérielle du 28 décembre 1879 sur l'administration des militaires de la disponibilité, etc., *J. M.* p., 954.)

Les officiers de réserve qui accomplissent une année de service effectif, par application de l'article 28 de la loi du 15 juillet 1889 — 11 novembre 1892, qui voudraient contracter mariage pendant l'année qu'ils passent sous les drapeaux, devront demander, au préalable dans les conditions réglementaires imposées aux officiers de l'armée active, l'autorisation de l'autorité militaire. (10 juin 1893, *B. O.* p. 587.)

CHAPITRE IV

Mariage des Employés militaires n'ayant pas rang d'officier.

§ 1er. — Elève d'administration.

La future d'un élève d'administration doit apporter la même dot que celle d'un officier d'administration. (20 avril 1851, *J. M.*, p. 200.)

§ 2. — Chef, Sous-Chef et Ouvrier d'Etat. — Gardien de batterie.

Les dispositions relatives au mariage des sous-officiers rengagés sont applicables aux employés de l'artillerie ci-dessus. Toutefois, un extrait du contrat de mariage et un certificat constatant la célébration du mariage doivent toujours être adressés au Ministre. (5 septembre 1888, *B. O.*, p. 133.)

§ 3. — Sous-Officier, Ouvrier d'Etat et Gardien de batterie portés au tableau pour le grade de garde de 3e classe.

Les conditions exigées pour le mariage des gardes d'artillerie sont applicables aux catégories ci-dessus. (22 janvier 1879, *J. M.* P. R., p. 27.)

§ 4. — Sous-Officier de la Justice militaire.

Les autorisations de mariage sont accordées par les généraux commandant les corps d'armée.

Dans le cas où le commandant de corps d'armée croirait refuser l'autorisation de mariage, il doit en référer au Ministre. (17 mai 1879, *B. O.*, p. 807.)

§ 5. — Portier-consigne.

Il n'y a pas de taux fixé pour la dot de la future de cette catégorie d'employés militaires. — L'autorisation de mariage est accordée par le général commandant le corps d'armée. (15 décembre 1836, p. 831.)

§ 6. — Chefs armuriers et Ouvriers immatriculés des manufactures inscrits au tableau d'avancement pour l'emploi de contrôleur d'armes.

Les demandes en autorisation de mariage soumises aux Conseils d'administration des corps de toutes armes ou aux directeurs des établissements de l'artillerie par les chefs armuriers et les ouvriers immatriculés des manufactures, inscrits au tableau d'avancement pour l'emploi de contrôleur d'armes, devront être accompagnées d'une déclaration d'apport notariée constatant que la dot de la future épouse est d'un revenu annuel et non viager de quatre cents francs au minimum.

Toutefois, ceux d'entre eux qui désireraient passer outre à ces conditions auraient la faculté de ne pas les remplir, sous la réserve qu'ils seraient rayés du tableau d'avancement.

Dans le mois qui suivra la célébration du mariage, les chefs armuriers et les ouvriers immatriculés des manufactures qui n'auront pas été rayés du tableau d'avancement, devront faire parvenir à l'administration centrale, par la voie hiérarchique, un extrait de leur contrat de mariage sur papier libre, auquel l'autorité militaire joindra les différentes pièces et renseignements dont l'envoi est prescrit par la note ministérielle du 10 mars 1890, ainsi que le certificat de mariage conforme au modèle annexé à la note ministérielle du 28 novembre suivant et reproduit à la fin du présent résumé. (15 octobre 1894, *B. O.*, p. 393.)

§ 7. — Sous-officiers stagiaires du Génie.

Les personnes recherchées en mariage par les sous-officiers stagiaires du génie doivent remplir les mêmes conditions de fortune et de moralité que celles des adjoints du Génie. (22 juillet 1895.)

§ 8. — Dispositions communes.

Toutes les pièces ayant servi à l'instruction des demandes en autorisation de mariage doivent être envoyées au Ministre pour être classées dans les dossiers des intéressés (20 novembre 1889, *B. O.*, p. 1260, et 17 mars 1890, *B. O.*, p. 425). A ces pièces sera joint un certificat de mariage conforme au modèle annexé à la note ministérielle du 28 novembre 1889 (*B. O.*, p. 1240), que l'on trouvera plus loin.

CHAPITRE V

Mariage des hommes de troupe de l'armée active.

§ 1er. — Militaires appartenant à un corps ayant un conseil d'administration.

L'homme de troupe non rengagé ou non commissionné ne peut contracter mariage sans en avoir, au préalable, obtenu l'autorisation du Conseil d'administration de son corps, soit central, soit éventuel, que préside le Chef de corps. (6 septembre 1843, p. 191;

2 février 1845, p. 545 ; 14 août 1877, p. 131 ; 6 novembre 1888, *B., O.* p. 858 et 14 juin 1890, *B. O.*, p. 1567.)

§ 2. — Militaires appartenant à un corps n'ayant pas de Conseil d'administration.

Si le corps auquel appartient le militaire n'a pas de conseil, l'autorisation est donnée :

Pour le militaire appartenant à une Compagnie de cavaliers de Remonte, par le commandant de dépôt de remonte ;

Pour le militaire appartenant à une Compagnie d'Ouvriers d'Artillerie ou d'Artificiers, par le directeur de l'artillerie ;

Pour le militaire appartenant à une Section de Commis et Ouvriers militaires d'Administration ou d'Infirmiers militaires, l'Elève d'Administration excepté, par le général commandant le corps d'armée ;

Pour le militaire appartenant au cadre d'une Compagnie de Discipline, par le général commandant la subdivision ;

Pour le militaire appartenant à une Section de Secrétaires d'Etat-Major et du Recrutement, par le général commandant le corps d'armée (18 décembre 1860, *B. O.*, p. 188 ; 11 mai 1875, *B. O.*, p. 686 ; 23 juin 1877, *B. O.*, p. 542) ;

Pour les cavaliers de manège, par le général commandant l'école (31 octobre 1860, *J. M.*, p. 161).

Ces autorisations ne sont accordées qu'exceptionnellement, les hommes de troupe ne devant pas, en principe, se marier étant sous les drapeaux. (Instruction ministérielle du 10 avril 1832, *J. M.*, p. 480.)

§ 3. — Dispositions spéciales au mariage des sous-officiers rengagés ou commissionnés.

L'apport de la future d'un sous-officier rengagé ou commissionné doit être d'au moins 5.000 francs de capital ou 250 francs de rente non compris le trousseau; il doit être constaté par acte notarié.

La demande est faite, selon le cas, au conseil d'administration, au chef de corps ou au chef de service. Elle est appuyée : 1° d'un certificat de bonnes vie et mœurs délivré par le maire du domicile de la future; 2° d'un extrait du projet de contrat.

Dans le cas où l'autorité chargée de statuer sur une demande en mariage formée par un sous-officier rengagé ou commissionné croirait devoir refuser son autorisation, il en serait référé au général commandant le corps d'armée en indiquant les motifs du refus. Cet officier général déciderait en dernier ressort. (23 août 1888, *B. O.*, p. 97, et 6 novembre 1888, *B. O.*, p. 858.)

§ 4. — Dispositions relatives au mariage des sous-chefs de musique.

Mêmes conditions que les autres sous-officiers. (25 août 1854, p. 405, et article 3 du règlement du 14 octobre 1872, *B. O.*, p. 621.)

§ 5. — Dispositions spéciales au mariage des militaires de la Gendarmerie (troupe).

L'autorisation de mariage au sous-officier ou gendarme est délivrée par le conseil d'administration de la compagnie à laquelle il appartient, sous l'approbation du chef de légion. — En cas de refus de délivrer l'autorisation, le chef de légion en rend compte au Ministre de la guerre.

La garde républicaine est considérée comme un corps ordinaire ayant un conseil d'administration (11 mars 1841, *J. M.*, p. 12. — Règlement du 1er mars 1854 sur la gendarmerie, *J. M.*, p. 137, art. 539.)

§ 6. — Dispositions spéciales au mariage des hommes de la disponibilité, etc.

Peuvent se marier sans autorisation de l'autorité militaire : tous les hommes de la disponibilité, de la réserve de l'armée active, de l'armée territoriale et de la réserve de cette armée ; les hommes dits à la disposition, les ajournés, les dispensés, les soutiens de famille, les hommes en sursis d'appel, les hommes classés dans les services auxiliaires, ainsi que les militaires envoyés en congé en attendant leur passage dans la réserve. (3 décembre 1873, *J. M.*, p. 493 ; art. 88 de l'instruction ministérielle du 28 décembre 1879, *J. M.*, p. 918.)

Les jeunes soldats sont libres de contracter mariage sans autorisation préalable de l'autorité militaire jusqu'à la date initiale du service qui, aux termes de la loi du 15 juillet 1889, est fixée au 1er novembre.

Cette faculté subsiste pour les ajournés jusqu'à l'époque où cessent pour eux les effets de l'ajournement, c'est-à-dire jusqu'au 1er novembre de l'année où le conseil de revision les déclare aptes au service armé. (22 juillet 1890, *B. O.*, p. 106.)

Les militaires en congé ne peuvent se marier sans autorisation préalable de l'autorité militaire. — Les maires doivent donner avis de la célébration de mariage aux conseils d'administration des corps auxquels ces hommes appartiennent. (Mêmes décisions.)

§ 7. — Dispositions relatives au mariage des élèves officiers des écoles militaires.

Les élèves officiers des écoles militaires, étant appelés à devenir à bref délai officiers ou assimilés, doivent être traités, au point de vue du mariage, comme les officiers et assimilés.

Par suite, les autorisations de mariage à leur délivrer doivent être instruites et accordées, par délégation des pouvoirs du Ministre (circulaire du 18 juillet 1887), par le Gouverneur militaire ou le Commandant de corps d'armée sur le territoire duquel est située l'école, sauf recours au Ministre dans les cas douteux; et les personnes recherchées en mariage doivent, comme celles qui désirent épouser des officiers ou assimilés dont la solde est inférieure à 5.000 francs, apporter en dot un revenu annuel et non viager de 1.200 francs au minimum. (11 décembre 1893, *B. O.*, p. 217.)

CHAPITRE VI

Dispositions relatives au mariage des Invalides.

En principe, les militaires invalides ne peuvent pas se marier. Il n'est dérogé à cette règle que dans des circonstances tout à fait exceptionnelles.

L'autorisation de mariage est délivrée par le Ministre de la guerre sur la proposition du Gouverneur de l'Hôtel des Invalides.

Tout militaire invalide qui contracte un mariage sans l'autorisation du Ministre, est renvoyé de l'Hôtel. (29 juin 1863, p. 379.)

CHAPITRE VII

Formalités à remplir en cas de divorce.

Le Ministre de la guerre doit être informé, dans la même forme que pour la célébration des mariages, des divorces concernant les officiers. (17 avril 1886, *B. O.*, p. 521, et 27 avril 1893, *B. O.*, p. 324.)

IIe PARTIE

ARMÉE DE MER

CHAPITRE Ier

Officiers, fonctionnaires et agents des différents corps de la marine autres que ceux des corps de troupe.

Les officiers, fonctionnaires et agents ayant rang d'officier des différents corps de la marine, *autres que ceux des corps de troupe*, sont tenus, pour contracter mariage, de solliciter et d'obtenir préalablement l'autorisation ministérielle.

A cet effet, ils doivent adresser au Ministre de la marine, par la voie hiérarchique, une demande d'autorisation accompagnée :

1° D'un certificat de moralité et de situation sociale de la future et de sa famille;

2° D'une déclaration d'apport. — Cette déclaration doit être faite par acte notarié.

Ces deux pièces doivent être conformes aux modèles qui sont insérés à la suite du présent résumé.

En transmettant le dossier au Ministre, l'autorité maritime doit toujours faire connaître son avis relativement à l'union projetée, après avoir pris, s'il y a lieu, des informations auprès de qui de droit.

La déclaration d'apport doit certifier l'existence de l'apport de la future épouse, lequel ne doit pas être inférieur à 1.200 francs de rente non viagère. — Les valeurs au porteur ne peuvent entrer dans l'évaluation de l'apport dotal. En conséquence, si l'apport consiste uniquement en valeurs de cette nature, celles-ci doivent être mises au nom de la future épouse jusqu'à concurrence de 1.200 francs de rente non viagère. Toutefois, on ne saurait exiger que cette opération ait lieu avant le mariage; il est seulement nécessaire que le certificat d'apport notarié contienne l'engagement formel de convertir ces titres aussitôt après la célébration du mariage. Il en devra être de même à l'égard des valeurs qui seraient au nom du donateur; la promesse faite dans l'acte notarié de les immatriculer au nom de la future épouse suffira. Si la dot consiste en une rente, cette rente devra être garantie par une hypothèque sur immeubles, de valeur suffisante; mention en sera faite dans le certificat d'apport. Dans ce cas, les pièces ci-après devront être produites : 1° Un certificat d'expert constatant la valeur des immeubles hypothéqués; 2° Un certificat du conservateur des hypothèques faisant connaître, soit que lesdits immeubles sont francs et libres de toute charge, soit le nombre des hypothèques dont ils seraient déjà grevés. Si la dot est constituée en un ou plusieurs immeubles, le certificat d'apport devra spécifier la nature et la valeur de ces immeubles ainsi que leurs revenus moyens.

La preuve de l'apport des 1.200 francs de revenu n'entraîne pas, *ipso facto*, l'autorisation du mariage que le Ministre peut toujours refuser.

Dans l'évaluation de cet apport, il ne doit être tenu compte de la valeur attribuée aux effets, bijoux et autres objets mobiliers composant le trousseau, non plus que des valeurs au porteur ou des sommes en argent comptant.

Lorsqu'un officier supérieur ou un lieutenant de vaisseau et assimilé demandera l'autorisation d'épouser la fille d'un officier membre de la Légion d'honneur et que cette personne n'apportera point en dot un revenu non viager de 1.200 francs au moins, le Ministre pourra, exceptionnellement et sur un rapport spécial du directeur du personnel, autoriser le mariage de cet officier.

L'officier, fonctionnaire ou agent qui, après avoir rempli les formalités ci-dessus, a contracté mariage, doit, dans le mois qui suit la célébration du mariage, adresser au Ministre un bulletin de mariage délivré par l'officier de l'état civil compétent.— En ce qui concerne les officiers embarqués, le bulletin de mariage doit être adressé à l'autorité maritime du port d'attache de l'officier, chargé de le faire parvenir au Ministre de la marine après l'avoir fait viser au détail des revues.

Dans le cas où le mariage n'aurait pas été célébré dans les six mois à partir de la date de l'autorisation, l'officier devra en informer le Ministre et demander au besoin le renouvellement de la dite autorisation. (Instruction du Ministre de la marine du 20 mai 1887, *B. O. de la marine*, p. 681 ; circulaires du Ministre de la marine des 13 février et 4 avril 1891.)

CHAPITRE II

Officiers des corps de troupe de la marine.

Les circulaires du Ministre de la marine des 20 janvier 1844, 2 août 1849, 19 novembre 1852, 24 mars et

18 juin 1875, et 16 septembre 1892, rendent applicables aux officiers des corps de troupe de la marine, qui désirent se marier, les dispositions relatives aux mariages des officiers de l'armée de terre.

Toutefois, les dispositions de la circulaire du Ministre de la guerre, en date du 18 juillet 1887, déléguant aux gouverneurs militaires et aux commandants de corps d'armée le pouvoir d'autoriser le mariage des officiers, ne s'étendent pas aux officiers des corps de la marine.

N'est également pas applicable aux officiers dont il s'agit, la circulaire du Ministre de la guerre en date du 26 juin 1888 dispensant d'un apport dotal les personnes recherchées en mariage par les officiers ayant 5.000 francs au moins de solde réglementaire.

En conséquence, les demandes en autorisation de mariage des officiers des corps de troupe de la marine devront continuer à être soumises à la sanction du Ministre de ce département et les personnes recherchées en mariage par les officiers dont il s'agit, devront continuer à apporter en dot un revenu non viager de 1.200 francs au minimum, même quand la solde de ces officiers sera supérieure à 5.000 francs.

En outre, aux termes de la circulaire du Ministre de la marine du 11 avril 1896, les demandes en autorisation de mariage formées par les officiers dont il s'agit devront, lorsque la rente sera garantie par des immeubles, en plus des autres pièces réglementaires être appuyées : 1° d'un certificat d'expert constatant la valeur des immeubles hypothéqués; 2° d'un certificat du conservateur des hypothèques faisant connaître, soit que lesdits immeubles sont francs et libres de toute charge, soit le nombre d'hypothèques dont ils seraient déjà grevés.

CHAPITRE III

Agents n'ayant pas rang d'officier et hommes des équipages de la flotte et autres corps militaires de la marine, non compris les corps de troupe (1).

Pour le personnel de tous grades et de toutes provenances des équipages de la flotte, les autorisations de mariage sont délivrées par le conseil d'administration ou le commandant comptable du bâtiment à bord duquel les officiers mariniers et marins sont embarqués, ou, s'ils sont à terre, par le conseil d'administration de la division sur le rôle de laquelle ils sont portés.

Elles sont délivrées aux marins vétérans, aux pompiers et aux gardes-consignes, soit par le conseil d'administration du corps auquel ils sont attachés, soit par l'autorité qui remplit à leur égard le rôle de conseil d'administration.

Les marins de l'inscription maritime en congé renouvelable ou en congé temporaire peuvent, ainsi que les marins du recrutement en congé renouvelable ou dans la réserve, se marier sans autorisation.

Les officiers mariniers en disponibilité, notamment,

---

(1) Les règles qui font l'objet du présent chapitre ne concernent pas les corps de troupe (gendarmerie, infanterie, artillerie) auxquels les règlements de la guerre ont été rendus applicables (voir renvoi (1) du titre II de la circulaire du Ministre de la marine, du 20 septembre 1885, *B. O. de la marine*, p. 709).

sont soumis à l'autorisation préalable, la situation dans laquelle ils sont placés n'étant qu'une forme de l'activité.

Quant au personnel des agents inférieurs du commissariat, des directions de travaux, de la comptabilité des matières, de la justice et des prisons maritimes, de l'enseignement des écoles d'apprentis et de l'école des mousses, du service électro-sémaphorique et de l'inscription maritime, des maîtres, conducteurs et jardiniers-botanistes entretenus, des agents du gardiennage, les autorisations de mariage sont accordées, par délégation du Ministre :

Dans les arrondissements maritimes, par le préfet maritime ;

Dans les arrondissements hors des ports, par le directeur ;

En Algérie, par le commandant de la marine.

Dans les colonies françaises, l'autorisation est accordée directement par le gouverneur ou par le commandant de la colonie, si les circonstances ne permettaient pas de la demander au Ministre, à charge par ces fonctionnaires de rendre compte de leur décision par la plus prochaine occasion (Titre II de la circulaire du Ministre de la marine du 20 septembre 1885, *B. O. de la marine*, p. 709).

MODÈLES

MODÈLE de Déclaration d'apport délivrée en brevet.

(14 avril 1875, *J. M.*, p. 559; 14 juillet 1875, *J. M.*, p. 16 et 8 juillet 1892, *B. O.*, p. 9.)

« Par devant........................ ont comparu :

» M..... (*nom, prénoms, grade et domicile du futur époux*) d'une part;

» Et Mlle.... (*nom, prénoms, qualité et domicile de la future épouse*), d'autre part; lesquels, pour se conformer aux circulaires (1), ont, en vue du mariage projeté entre eux, établi ainsi qu'ils suit l'apport de Mlle......., future épouse.

» Dans le contrat qui doit régler les clauses et conditions civiles de son mariage avec M..........., Mlle.........., comparante, apportera en mariage et se constituera en dot les biens et les valeurs dont la désignation suit :

(*Désigner les biens composant l'apport de la future*).

» Déclarant et affirmant *sur l'honneur, ici*, les comparants, ès mains des notaires soussignés, l'existence des biens et valeurs ci-dessus désignés, lesquels seront et demeureront affectés réellement à la constitution de la dot, et n'ont été empruntés, ni en totalité ni en partie, en vue du mariage projeté.

» Dont acte

» Fait et passé, etc. »

---

(1) Du Ministre de la guerre, en date des 17 décembre 1843 et 18 février 1875, s'il s'agit d'un officier de l'armée de terre; du Ministre de la marine, en date des 20 janvier 1844 et 24 mars 1875, si la déclaration d'apport concerne le mariage d'un officier de la marine.

Si la future épouse est mineure, elle doit, dans la déclaration dont le modèle précède, être assistée de ceux dont le consentement est nécessaire pour la validité du mariage.

Si une dot est constituée ou une donation faite à la future épouse, il y a lieu de faire comparaître le donateur avec les futurs époux.

Et, dans ce cas, après l'apport personnel constaté comme dessus, on ajoutera :

« De son côté, M. (*nom du donateur*) se propose, dans le même contrat qui doit régler les conditions civiles du mariage de M............ avec Mlle............, de faire à cette dernière une donation dans les termes suivants : « En » considération du mariage projeté, M........... donne » et constitue en dot à Mlle..........., future épouse, les » biens et valeurs dont la désignation suit :

(*Désigner les biens et valeurs*)..............................

L'officier n'a pas besoin d'assister à la rédaction de la déclaration d'apport, lorsqu'il lui est impossible d'y assister ; il suffit que sa future et ses assistants déclarent sur *l'honneur* que les valeurs et biens énoncés dans la déclaration, affectés à la dot de la future épouse, n'ont été empruntés ni en totalité ni en partie.

Il n'est pas indispensable que la future se constitue personnellement la dot réglementaire. De plus, les valeurs reposant sur de bonnes garanties, mais inscrites au nom du donateur et qu'il déclare affecter à la constitution de la dot de la future épouse, doivent être acceptées dans la déclaration d'apport et la constitution de la dot de la future épouse.

MODÈLE de Certificat délivré par le maire du domicile de la future.

(Décisions ministérielles des 17 décembre 1843, p. 219, et 18 février 1875, p. 169.)

Nous, maire de la commune d............ département de............, certifions qu'il résulte des renseignements exacts que nous nous sommes procurés que Mlle (*nom, prénoms et profession de la future*), âgée de... ans, fille de (*nom, prénoms et profession du père de la future*) et de (*nom, prénoms et profession, s'il y a lieu, de la mère*) demandée en mariage par M. (*nom, prénoms, grade et corps de l'officier qui a demandé la demoiselle en mariage*), jouit d'une bonne réputation ainsi que sa famille; qu'elle aura en mariage (*indiquer le montant et la nature de la dot de la future*) et que ses espérances de fortune peuvent être évaluées à environ (*indiquer la nature des espérances et en préciser la somme*).

En foi de quoi nous avons délivré le présent certificat.

A.............. le.......... 18 .

Vu et approuvé par nous,
(*Préfet du département, ou sous-préfet de l'arrondissement d........*)

MODÈLE de Certificat de mariage.

Nous, soussigné (*indication de l'autorité militaire sous les ordres de laquelle se trouve l'intéressé*), certifions, d'après l'extrait des registres de l'état civil, que (*nom, prénoms, grade et corps*) s'est marié le..........., à la mairie d........,

arrondissement d..........., département d..........
à Mademoiselle (*nom et prénoms*) en vertu de l'autorisation qui lui a été accordée le........... par (*indiquer l'autorité qui a délivré l'autorisation*).

A........... le........... 18 .

(*Suivent la ou les signatures.*)

TABLE

Ire PARTIE

ARMÉE DE TERRE

IIe PARTIE

ARMÉE DE MER

MODÈLES

Paris et Limoges. — Imp. milit. Henri CHARLES-LAVAUZELLE.

Librairie militaire Henri CHARLES-LAVAUZELLE

Paris, 11, Place Saint-André-des-Arts.

Instruction du 23 juillet 1894 pour l'exécution des dispositions du Code civil et de divers décrets et ordonnances applicables aux militaires de toutes armes, suivie de 5 annexes comprenant 140 lois, circulaires, décisions ou décrets relatifs aux actes de l'état civil et aux droits civils et politiques des militaires (2e édit.). — In-8o de 240 p., br. 3 »

L'achat de cet ouvrage au compte de la masse d'habillement et d'entretien (fonds commun) est autorisé par décision de M. le Ministre de la guerre du 19 mars 1895 (*B. O.*, p. n., no 13, page 280).

Recueil des documents officiels relatifs au mariage des officiers, par H. Genoux, capitaine trésorier de gendarmerie (3e édition). — Brochure in-8o de 78 pages 1 25

Etude sur les obligations des officiers en matière d'impôts, par Blanchenay, sous-intendant militaire. — Brochure in-8o de 68 pages 1 25

Fêtes et cérémonies : honneurs militaires, honneurs civils, recueil des décrets, circulaires et instructions relatifs aux cérémonies et honneurs, par J. Saumur, ✠, archiviste de 1re classe d'état-major (2e édition, revue et augmentée). — Volume in-8o de 142 pages, broché .... 2 »

L'achat de cet ouvrage au compte de la masse d'habillement et d'entretien (fonds commun) est autorisé par décision de M. le Ministre de la guerre du 4 janvier 1895 (*B. O.*, p. s., no 5).

La limite d'âge, — La retraite proportionnelle, — Leurs conséquences, par le général Morel. — Brochure in-18 de 56 pages ...... 1 »

Pensions et secours, par J. Saumur, archiviste de 1re classe d'état-major. Recueil des lois, décrets, circulaires et décisions relatifs aux pensions militaires et aux pensions civiles, aux gratifications permanentes et renouvelables, aux secours permanents et éventuels, ainsi qu'aux secours accordés sur la caisse des offrandes nationales, sur la caisse des Invalides de la marine et sur la caisse de la Légion d'honneur, etc., etc. — Volume in-8o de 348 pages, broché .... 5 »

Manuel des pensions de retraite des officiers, sous-officiers, brigadiers, caporaux, soldats ou gendarmes, **et des pensions aux veuves et secours aux orphelins,** avec tarifs, annotations, explications et tableaux (7e édition, annotée et mise à jour). — Brochure in-8o de 68 pages.. 1 »

Manuel des pensions des marins du commerce, publié avec l'approbation du Ministre de la marine, par Emile Servant, sous-chef du bureau des pensions au ministère de la marine. — Vol. in-8o de 180 pages. 4 »

Instruction ministérielle du 27 août 1886, relative aux **demandes de secours,** modifiée le 1er août 1890. — Brochure in-32 de 64 pages... » 50

Instruction ministérielle du 6 novembre 1875, relative à la délivrance des **congés de réforme,** suivie des dispositions concernant les visites des hommes en jouissance de la gratification de réforme renouvelable (édition annotée et à jour). — Brochure in-8o de 36 pages .... » 60

Recueil des lois, décrets et instructions concernant les fils et filles de militaires et leur admission dans les écoles militaires préparatoires, maison d'éducation, lycées et collèges, par J. Saumur, archiviste de 1re cl d'état-major. — Vol. in-8o de 144 pages, *franco*. 2 50

L'achat de cet ouvrage au compte de la masse des écoles (ou au compte de la masse des écoles du génie en ce qui concerne cette arme) a été autorisé par décision de M. le Ministre de la guerre du 20 août 1890. (*B. O.*, p. s., no 24, page 90).

Instruction ministérielle du 12 avril 1888, stipulant les **conditions d'admission aux places d'enfants de troupe** dans les écoles militaires préparatoires et à l'orphelinat Hériot (4e édit.). — Br. in-8o de 48 p.. » 60

Les écoles d'enfants de troupe, historique de l'institution, par le capitaine Maher, du 107e régiment d'infanterie. — Volume grand in-8o de 136 pages, orné de 18 planches ou photogravures, dont 15 hors texte .... 4 »

Ouvrage honoré d'une souscription des ministères de la guerre et des colonies, et couronné par la Société d'encouragement au bien.

Loi du 18 mars 1889, relative au rengagement des sous-officiers, modifiée par les lois des 6 janvier 1892, 25 juillet 1893 et 13 juillet 1894 (6e édition). — Brochure in-8o .... » 75

Librairie militaire Henri CHARLES-LAVAUZELLE
Paris, 11, Place Saint-André-des-Arts.

Recueil des lois et décisions concernant les sous-officiers, caporaux, brigadiers et soldats rengagés ou commissionnés (4e édition). — Volume in-8° de 384 pages, broché.................................. 3 »

L'achat de cet ouvrage au compte de la masse d'habillement et d'entretien (fonds commun) et à raison de deux exemplaires par régiment et d'un exemplaire par bataillon, escadron, compagnie ou section formant corps, a été autorisé par décision de M. le Ministre de la guerre du 6 novembre 1895 (*B. O.*, P. S., n° 37, page 200).

Par décision du 8 janvier 1896, M. le Ministre de la marine a autorisé l'achat de cet ouvrage sur les fonds de la masse générale d'entretien (2e portion).

27e liste des sous-officiers classés pour des emplois civils ou militaires. — Brochure in-8° de 60 pages, *franco*.................. » 50

MINISTÈRE DE LA GUERRE. — **Emplois civils** (édition officielle mise à jour des textes en vigueur jusqu'au 1er août 1896). — Volume in-8° de 210 pages, broché, 1 50; relié pleine toile gaufrée.................. 2 25

Décret du 28 janvier 1892, portant règlement d'administration publique et relatif aux **emplois réservés aux anciens militaires gradés** comptant au moins cinq ans de services. Tableau des emplois joint au décret (2e édition). — Brochure in-8° de 80 pages.................. » 50

Programme des connaissances exigées des candidats proposés pour l'emploi de **percepteur des contributions directes.** — Brochure in-8°. » 50

Sujets des compositions écrites pour les concours d'admission pour l'emploi de **percepteur des contributions directes** depuis 1887. — Brochure in-8°.................................. » 50

Notions générales sur le service de la perception des contributions directes et de la **recette municipale et hospitalière,** accompagnées de tableaux et modèles. *Guide des candidats aux examens (sous-officiers et surnuméraires) et des débutants,* par Lucien PINELLI, sous-chef de bureau au ministère des finances, officier d'académie, et Marcel SEXÉ, licencié en droit, rédacteur au ministère des finances, officier d'académie. *Ouvrage honoré d'une souscription des ministères des finances et de l'intérieur.* — Volume grand in-8° de 432 pages, broché.................................. 7 50

Manuel des candidats au surnumérariat des postes et télégraphes, avec des notes et commentaires, par Roger BARBAUD, inspecteur des postes et télégraphes, payeur principal du 18e corps, licencié en droit. — Volume in-32 de 320 pages, relié toile.................................. 2 »

Guide des candidats à l'emploi de commissaire de surveillance administrative des chemins de fer, conforme à l'arrêté ministériel du 27 novembre 1894 (3e édition). — Brochure in-32 de 24 pages........ » 50

Manuel du candidat à l'emploi de commissaire de surveillance administrative des chemins de fer, par A. LAPLAICHE, inspecteur particulier de l'exploitation commerciale des chemins de fer, ancien commissaire de surveillance administrative. Ouvrage rédigé conformément aux programmes officiels :

Première partie : **Etude des matières du programme** avec 100 figures (5e édition honorée d'une souscription du ministère des travaux publics). — Vol. in-12 de 848 pages, broché, 7 50; relié toile anglaise.............. 8 50

Deuxième partie : **Solutions des questions posées dans les différents concours depuis 1878,** avec 68 figures. — Volume in-12 de 474 pages, broché, 7 »; relié toile anglaise.................................. 9 »

Conseils à un jeune commissaire de surveillance administrative des chemins de fer, par un ancien. — Brochure in-18 de 48 pages..... 1 50

Guide des candidats aux emplois de commissaire de police ou d'inspecteur spécial de la police des chemins de fer, conforme aux instructions contenues dans l'arrêté ministériel du 25 janvier 1894 (1re édition à jour). — Fascicule in-32 de 16 pages.................................. » 50

Le Catalogue général de la Librairie militaire est envoyé gratuitement à toute personne qui en fait la demande à l'éditeur Henri CHARLES-LAVAUZELLE.

8

www.ingramcontent.com/pod-product-compliance
Ingram Content Group UK Ltd.
Pitfield, Milton Keynes, MK11 3LW, UK
UKHW020428220726
13923UKWH00005B/2142

9 782019 273736